Timo Koch

Risikoanalyse von cloudbasierten Diensten zur Auslagerung von Unternehmensdaten im Segment der KMUs

GRIN Verlag

Bibliografische Information der Deutschen Nationalbibliothek:

Die Deutsche Bibliothek verzeichnet diese Publikation in der Deutschen National-
bibliografie; detaillierte bibliografische Daten sind im Internet über http://dnb.d-
nb.de/ abrufbar.

Impressum:

Copyright © 2011 GRIN Verlag GmbH
Druck und Bindung: Books on Demand GmbH, Norderstedt Germany
ISBN: 978-3-656-22732-8

Dieses Buch bei GRIN:

http://www.grin.com/de/e-book/196331/risikoanalyse-von-cloudbasierten-diensten-
zur-auslagerung-von-unternehmensdaten

GRIN - Your knowledge has value

Der GRIN Verlag publiziert seit 1998 wissenschaftliche Arbeiten von Studenten, Hochschullehrern und anderen Akademikern als eBook und gedrucktes Buch. Die Verlagswebsite www.grin.com ist die ideale Plattform zur Veröffentlichung von Hausarbeiten, Abschlussarbeiten, wissenschaftlichen Aufsätzen, Dissertationen und Fachbüchern.

Besuchen Sie uns im Internet:

http://www.grin.com/

http://www.facebook.com/grincom

http://www.twitter.com/grin_com

Seminararbeit

an der

FOM Hochschule für Oekonomie und Management Duisburg

im Modul IT-Infrastruktur

im Studiengang Wirtschaftsinformatik

Risikoanalyse von cloudbasierten Diensten zur Auslagerung von Unternehmensdaten
im Segment der KMUs

Autor: Timo Koch

Abgabe am: 29.12.2011

Inhalt

1 Einleitung

Im Laufe der letzten Jahre gewinnt die Technologie des Cloud Computing, gerade als Outsourcing-Möglichkeit für Unternehmen immer mehr an Bedeutung. Dies zeigt sich zum Beispiel auch in einer aktuellen Studie des IDC, einem der führenden Marktforschungsunternehmen im Bereich der Informationstechnologien aus dem Jahre 2011. Demnach arbeiten ca. 70 % der Befragten aktuell an einer Cloud-Strategie bzw. denken über eine Verlagerung von Diensten und Daten in die Cloud nach. Dabei fokussiert sich diese Studie auf die Befragung von Unternehmen mit einer Mitarbeiterzahl größer 250.[1] Ein wichtiger Aspekt lokale Server weiterhin in-house zu verwalten, ist laut dem Cloud-Service-Dienstleister Parallels für Mittelständler nach wie vor das Bedenken in Sicherheit und Schutz der eigenen Daten.[2]

Inwieweit diese Skepsis angebracht ist, welche Risiken aber auch Chancen sich durch diese Technologie ergeben, soll im Rahmen dieser Arbeit anhand einer Risikoanalyse näher betrachtet werden. Es wird dabei um das Eruieren von potentiellen Gefahren gehen, als auch darum aufzuzeigen aus welchen technischen oder menschlichen Quellen diese hervorgehen und wie diesen letztendlich entgegengewirkt werden kann. Anders als bei der IDC-Studie wird dabei der Fokus der Betrachtung auf dem Segment der kleinen und mittelständischen Unternehmen, den sogenannten KMUs liegen, deren Anforderungen an Technologien sich zwar größtenteils mit denen größerer Unternehmen decken, welche jedoch oftmals bedingt durch ihre personellen und finanziellen Möglichkeiten nicht in der Lage sind diese in Eigenregie umzusetzen.

Im Kapitel 2 geht es um Grundlagen zum Verständnis der Arbeit. Es wird neben der Vorstellung der Technologie des Cloud Computing, auch ein Überblick über die Begriffsdefinition der kleinen und mittelständischen Unternehmen und deren wirtschaftlichen Anteil gegeben. Dem schließt sich ein Einstieg in das Thema Risiko-Management, sowie damit einhergehend eine Definition des Begriffes Risiko, an. Der Kern der Arbeit liegt im dritten Kapitel, wo innerhalb der Risikoanalyse

---

[1] Vgl. Horton (2011), Seite 1 ff.
[2] Vgl. Wiltscheck (2011), Seite 1 f.

sowohl die Chancen, als auch die Risiken identifiziert und auch bewertet werden, die die Auslagerung von Unternehmensdaten für KMUs mit sich bringt. Als Abschluss dieses Kapitels werden für die vorher erarbeiteten Risiken entsprechende mögliche Gegenmaßnahmen vorgestellt. Im Fazit soll die Frage beantwortet werden, ob es unter sicherheitstechnischen und risiko-bewerteten Gesichtspunkten für kleine mittelständische Unternehmen erstrebenswert ist, ihre Daten in die Cloud auszulagern.

2 Grundlagen

2.1 Cloud-Computing

Nachdem es lange Zeit für das Cloud Computing keine einheitliche Definition gab, hat das Bundesamt für Datenschutz in der Informationstechnik (BSI) eine Definition erstellt, um für zukünftige Arbeiten rund um dieses Thema eine einheitliche Basis zu schaffen. Nach dieser wird unter dem Begriff im Allgemeinen eine Bereitstellung von Ressourcen, Speicher, Diensten oder Programmen über das Web verstanden, die zumeist auf virtualisierten Infrastrukturen sowie aktuellen Webtechnologien basieren und nutzungsabhängig abgerechnet werden. Dabei stehen eine hohe Verfügbarkeit, Skalierbarkeit, Dynamik und starke Dienstleistungsorientierung im Vordergrund.[3]

Der Begriff „Cloud" hat sich im Wesentlichen erst in den letzten Jahren im Bereich der Informationstechnologie festgesetzt. Vorwiegend kommt es dabei zu einer Assoziation mit dem Internet. Die Bereitstellungstechnologien, auf die für das Cloud Computing zurückgegriffen werden, sind jedoch nicht gänzlich neu. Sie waren jedoch ursprünglich eher für das Intranet, sprich für Bereitstellungszenarien innerhalb von Unternehmensnetzwerken vorgesehen. Mit dem Ansatz Programme und Dienste auch über die Schnittstellen zwischen dem Intra- und dem Internet der breiten Masse in Form von Dienstleistungen zur Verfügung zu stellen, kam es zu einer Symbiose dieser ursprünglich klaren Trennung.

Nach der Definition des amerikanischen National Institute of Standards and Technology (NIST) existieren für Cloud Services fünf Charakteristika:>>

- Diensterbringung auf Anforderung: Dienste sind auf Anforderung und selbständig von Konsumenten ohne erforderliche menschliche Interaktion mit dem Anbieter nutzbar.
- Netzwerkbasierter Zugang: Dienste können netzwerkbasiert in Echtheit durch Verwendung von Standardtechnologien abgerufen werden.

---

[3] Vgl. BSI (2011), Seite 1 f.

- Ressourcen Pooling: Ressourcen sind in Pools konsolidiert und erlauben eine parallele Diensterbringung für mehrere Nutzer (Mandanten), die dem tatsächlichen Bedarf eines jeden Nutzers angepasst ist.

- Elastizität: Ressourcen werden schnell und in verschiedenen, auch fein granularen Quantitäten, zur Verfügung gestellt und erlauben so die Skalierung von Systemen. Dem Nutzer gegenüber entsteht die Illusion unendlich verfügbarer Ressourcen.

- Messbare Dienstqualität: Dienste sind quantitativ und qualitativ messbar, so dass eine nutzungsabhängige Abrechnung und Validierung der Dienstqualität gegeben ist.<<[4]

Neben diesen Charakteristika enthält das NIST-Modell auch zwei unterschiedliche Gruppierungen für Cloud-Architekturen. Der Unterschied ergibt sich hierbei aus dem Betrachtungswinkel, aus dem kategorisiert wird. Bei dem ersten Ansatz erfolgt die Einteilung in Betriebsmodelle über eine Zuordnung zu organisatorischen Einheiten. Beim zweiten Ansatz hingegen wird in Dienst- beziehungsweise Servicemodelle auf der Grundlage ihrer technischen Spezifikationen differenziert.

2.1.1 Betriebsmodelle

Nach der organisatorischen Zugehörigkeit wird demnach zwischen der Public Cloud, Private Cloud und der Hybrid Cloud unterschieden. Bei der Public Cloud stammen Dienstleistungsanbieter und -nehmer aus unterschiedlichen Organisationen. Dabei erfolgt die öffentliche Bereitstellung über frei zugängliche Webportale. Mit diesen werden dem Nutzer Möglichkeiten eingeräumt, den Nutzungsumfang der Dienste selbstständig individuell zu spezifizieren. Im direkten Gegensatz dazu steht die Private Cloud, bei der der Anbieter und Nutzer zur selben Organisation gehören, sprich die Bereitstellung in-house erfolgt und die Kontrolle über die Daten innerhalb dieser Organisation verbleibt. Diese Bereitstellung erfolgt zwar auf selbstverwalteten Infrastrukturen, jedoch kommen hier meist die gleichen Technologien für die Umsetzung zum Einsatz wie bei einer Public Cloud. Dadurch ergibt sich ein Skalierungsvorteil: Ist eine Anwendung oder ein Dienst auf der internen Infrastruktur entwickelt, implementiert und etabliert worden, kann dieser später auch in öffentliche Umgebungen übernommen werden. Die dritte Ausprägung, die Hybrid

---

[4] Baun (2011), Seite 5 f.

Cloud, stellt wie ihr Name es schon andeutet eine Mischform der anderen beiden dar. Hierbei werden sowohl Dienste aus der Public, als auch aus der Private Cloud genutzt. Bevorzugt erfolgt dabei eine Nutzung der Dienste aus dem privaten Bereich, so dass meist nur Auslastungsspitzen durch eine Auslagerung in die Public Cloud abgefangen werden.[5]

2.1.2 Servicemodelle

Im Bereich des Cloud Computing findet zumeist eine Unterscheidung in drei unterschiedliche Servicemodelle statt.

Infrastructure as a Service (IaaS):

Bei diesem Betriebsmodell werden dem Endkunden zumeist virtualisierte IT-Ressourcen wie Massenspeicher oder Rechenleistung angeboten, deren Allokation er über Verwaltungsschnittstellen selbstständig bestimmen kann. So ist es dem Kunden möglich auf der gemieteten Infrastruktur eigene Betriebssystemumgebungen aufzubauen, in denen er wiederrum individuelle Anwendungen laufen lassen kann.

Platform as a Service (PaaS):

Adressaten der diesem Betriebsmodell entsprechenden angebotenen Laufzeit- und Entwicklungsumgebungen sind zum Großteil Entwickler, die zu diesen kompatible Anwendungen programmieren und dort ausführen können.

Software as a Service (SaaS):

Unter dieses Dienstmodell fällt die Bereitstellung aller möglichen Ausprägungen von Applikationen und Anwendungen, wie zum Beispiel für den Office-Bereich (Tabellenkalkulation, Textverarbeitung), die Bildbearbeitung oder das Customer-Relationship-Management (CRM). Dabei entfallen lokale Installationen der Anwendungen auf dem System des Endkunden. Das Aufrufen beziehungsweise die Nutzung beschränkt sich auf Webbrowser.[6][7]

---

[5] Vgl. Baun (2011), Seite 27 ff.
[6] Vgl. BSI (2011), Seite 2
[7] Vgl. Baun (2011), Seite 31-39

2.2 Besonderheiten von KMUs

Unter KMUs, kurz für kleine und mittlere Unternehmen, werden nach der Definition der Europäischen Union Kleinstunternehmen, kleine und mittlere Unternehmen verstanden. Anhand von Kennzahlen wie Mitarbeiterzahl, Jahresumsatz oder Jahresbilanzsumme und Schwellenwerten für diese Kennzahlen, werden sie in die drei oben genannten Kategorien gegliedert. Welche der beiden letztgenannten Kennzahlen eingehalten wird, ist dabei von den Unternehmen frei wählbar. Da es sich laut Statistiken der EU bei 99 % der Unternehmen in ihren Mitgliedsstaaten um KMUs handelt und diese oftmals einen schlechten Zugang zum Kapitalmarkt haben, werden sie von Seiten der Europäischen Union gezielt durch Förderungsprogramme unterstützt.[8]

Von Kleinstunternehmen wird nach der Definition aus dem Jahre 2006 bei Unternehmen gesprochen, die eine Mitarbeiterzahl und einen Jahresumsatz beziehungsweise eine Jahresbilanzsumme von kleiner gleich 2 Mio. EUR aufweisen. Um von einem kleinen Unternehmen zu sprechen, müssen weniger als 50 Mitarbeiter und 10 Mio. EUR als Jahresumsatz oder Jahresbilanzsumme ausgewiesen werden. Um noch von einem mittleren und noch nicht von einem Großunternehmen sprechen zu können, dürfen die Schwellenwerte von 249 Mitarbeitern, 50 Mio. EUR Jahresumsatz bzw. 43 Mio. EUR Jahresbilanzsumme nicht überschritten werden.[9]

Mit über 87 Millionen Arbeitsplätzen, einem Gesamtanteil von mehr als 66 % aller Arbeitsplätze innerhalb der Europäischen Union, stellen die über 20 Millionen KMUs einen erheblichen Bestandteil der europäischen Wirtschaftskraft dar.

Im Zusammenhang mit der niedrigen durchschnittlichen Mitarbeiterzahl von 4,21 Mitarbeitern pro Unternehmen und dadurch oftmals nicht vorhandenen informationstechnisch spezialisierten Mitarbeitern oder Abteilungen, stellt die Technologie des Cloud Computing für KMUs eine attraktive Möglichkeit dar, dort angebotene Services zu nutzen, ohne die Applikation oder Komponenten eigenverantwortlich anzuschaffen und zu implementieren. Die hohe Verfügbarkeit durch den Zugriff von einer Vielzahl von internetfähigen Endgeräten und die regelmäßige Aktualisierung der Anwendungen durch die Anbieter, erhöhen die

[8] Vgl. EU (2006), Seite 5 f.
[9] Vgl. EU (2006), Seite 14

wirtschaftlichen und technischen Anreize für die in dieser Arbeit betrachtete Zielgruppe.[10]

2.3 Risikoanalyse

Für den Begriff Risiko existieren entsprechend für die verschiedensten Anwendungsfelder differierende Definitionen. Nach einer betriebswirtschaftlichen Risiko-Definition wird unter einem Risiko eine Bedrohung, sprich eine negative Abweichung von einem definierten Ziel verstanden, die anhand der erwarteten Eintrittshäufigkeit und ihrer Auswirkungen bewertet wird. Versucht man diese Definition auf das Anwendungsfeld der Informationstechnologien anzuwenden, ergibt sich folgendes Verständnis:

Als Risiko werden negative Auswirkungen auf die Kernziele der Informationssicherheit wie Vollständigkeit und Korrektheit der Daten (Integrität), Vertraulichkeit sowie Verfügbarkeit, verstanden.[11]

Unter Risiko-Management versteht man die systematische Erfassung und Analyse von Risiken sowie die Ausarbeitung von Maßnahmen zur Reduktion und Beseitigung dieser. Dabei stellt die Risikoanalyse ein Werkzeug und wichtigen Bestandteil im Rahmen des Risiko-Managements dar. Bei dieser Analyse geht es darum die Bedrohungen zu identifizieren und zu bewerten. Ihre Ergebnisse unterstützen danach bei der Ausarbeitung der entsprechenden Maßnahmen. Situationsabhängig kann es neben negativen, durchaus auch positive Abweichungen von definierten Zielen geben. In solchen Fällen wird auch von Chancen gesprochen. Muss beispielsweise ein für ein Projekt vorab festgesetztes Budget nicht ausgeschöpft werden, betrachtet man die daraus resultierende Kostenersparnis als Chance. Gemäß der Definition können Ziele für die es keinerlei mögliche Abweichungen gibt, als „sicher" betrachtet werden.[12]

Eine allgemeine Risikoformel, bei der die eingesetzten Wahrscheinlichkeiten für das Eintreten des Ereignisses jedoch auf subjektiven Schätzwerten oder früheren

---

[10] Vgl. Wymenga (2011), Seite 7 ff.
[11] Vgl. Königs (2009), Seite 9 f.
[12] Vgl. Königs (2009), Seite 12

Erfahrungen beruhen und die aus betriebswirtschaftlichen Gesichtspunkten den jährlich zu erwartenden Schaden berechnet, lautet:

$$R = H \times S$$

Der Faktor H stellt dabei die erwartete Häufigkeit des Ereignisses in einem Jahr dar, während der Faktor S die erwartete Schadenshöhe bei Eintritt dieses Ereignisses beschreibt. Bei häufig auftretenden Ereignissen stellt diese Formel einen plausiblen Ansatz zur Risikoermittlung dar. Bei sehr seltenen Ereignissen mit großer Schadenshöhe birgt sie jedoch auch Gefahren. Das Produkt aus einer großen Schadenshöhe und einer sehr geringen Eintrittswahrscheinlichkeit könnte, trotzdem die Schadenshöhe beim Eintritt für das Unternehmen nicht tragbar wäre, zu einer Akzeptanz beziehungsweise zu einer Einstufung als ein tragbares Risiko führen. Ein Hilfsmittel im Rahmen einer Risikoanalyse auch die seltenen Schadensfälle mit einer hohen Schadenshöhe entsprechend zu erfassen und einzuordnen, stellt die Risiko-Bewertungs-Matrix dar. Dabei werden die „Produkte" aus ausgewählten Häufigkeiten und Schadenswerten in einer Matrix eingeordnet. [13] >>Bei der Festlegung der „Produktwerte" kann die Risiko-Wahrnehmung des Managements, insbesondere für grosse und seltene Schadensereignisse, berücksichtigt [..] werden.<<[14]

Ein weiteres Hilfsmittel das im Rahmen der Risikoanalyse Anwendung findet ist das Risikoportfolio. Dabei handelt es sich um eine zweidimensionale Darstellung, bei der die X-Achse steigende Eintrittswahrscheinlichkeiten und die Y-Achse steigende Schadenspotentiale beschreiben. Sie ermöglicht eine Einordnung von Risiken unter strategischen Gesichtspunkten. Darüber hinaus lässt sich die sogenannte Risikoakzeptanzlinie in ihr einzeichnen, durch welche sich grafisch darstellen lässt, welche Risiken nicht akzeptiert werden dürfen. Dabei werden alle über diese Akzeptanzlinie liegenden Risiken als inakzeptabel eingestuft.[15]

---

[13] Vgl. Königs (2009), Seite 14 ff.
[14] Königs (2009), Seite 15
[15] Vgl. Königs (2009), Seite 20

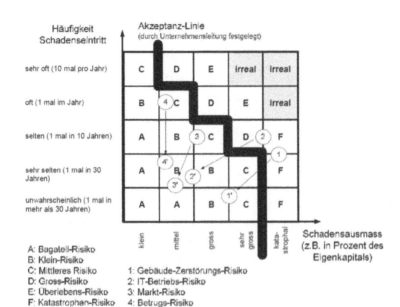

Abbildung 1: Risikoportfolio in Risk-Map mit Akzeptanzlinie, Quelle: Königs (2009), Seite 20

3 Analyse – Chancen und Risiken beim „Working in the Cloud"

3.1 Chancen

3.1.1 Senkung der Anschaffungs- und Verwaltungskosten

Cloud Computing bringt für Unternehmen, insbesondere für KMUs die Chance mit sich, abhängig vom Nutzungsgrad die Anschaffungskosten für die eigene Hardwareausstattung zu reduzieren. Die hausinterne Systemlandschaft kann im Bereich der Server häufig konsolidiert werden, was gleichzeitig auch eine Reduktion des Verwaltungsaufwands für die Administratoren mit sich bringt. Zwar übernehmen diese in der Regel auch die Verwaltung der Clouddienste über die APIs des Providers, jedoch ist dies nicht gleichzusetzen mit dem Aufwand der für die Betreuung einer eigenen konventionellen Infrastruktur entstehen würde. Auch die Zuständigkeit für die Pflege der Software durch die Installation von Updates und neuen Versionen gibt das Unternehmen an den Cloud-Provider ab. Dadurch sind auch die vorher in vielen Fällen aufwändigen durchzuführenden Testszenarien in Testumgebungen nicht mehr erforderlich. Je nach Größe und Auslastung der IT-Abteilung resultieren aus der Verlagerung in die Cloud unter Umständen durch freiwerdende Ressourcen sogar Einsparungsmöglichkeiten im Bereich des Personals oder Möglichkeiten durch eine Aufgabenneuverteilung „freiwerdende" Mitarbeiter in anderen Unternehmensteilen wie zum Beispiel Projekten einzusetzen. Auch im Bereich der Softwarelizenzen kann es je nach Lizenz- und Preismodell der Anwendungen des Cloud-Providers zu einer Kostenreduktion kommen. Während die Useranzahl in der Cloud meist flexibel skalierbar und jederzeit veränderbar ist, werden Lizenzen im Normalfall in Unternehmen in Form von Volumenverträgen beschafft. Im Gegensatz zum Kauf eines Lizenzvolumens, erfolgt die Abrechnung der in Anspruch genommen Cloud-Dienste in der Regel nicht einmalig sondern monatlich, was aus betriebswirtschaftlicher Sicht die Liquidität schont.

3.1.2   Prozessrestrukturierung

Auch in Bezug auf die in einem KMU ablaufenden Prozesse ergeben sich durch das Cloud Computing einige Chancen. So können Teilprozesse, die durch vormals lokal vorgehaltene Softwareprodukte abgebildet werden, in die Cloud ausgelagert werden und deren Ausführung durch die optimierten Hochleistungs-Infrastrukturen schneller verwirklicht werden. Ein Beispiel in diesem Zusammenhang wäre die Berechnung einer 20-prozentigen Verkaufschance für den gesamten Kundenstamm bei einer cloudbasierten ERP-Lösung. Diese Berechnung würde auf eigener Serverhardware ein Vielfaches an Zeit in Anspruch nehmen, als auf der durch die Clouddienste genutzten des Providers. Des Weiteren besteht die Möglichkeit dass Standard-Prozesse durch ihr wiederkehrendes Auftreten im Kundenkreis des Providers, durch diesen in seiner Cloudlösung schon optimiert worden sind oder fortlaufend noch optimiert werden. Ohne selber intern eine aufwändige Prozessuntersuchung und Prozessoptimierung durchführen zu müssen, kann das KMU somit davon profitieren.

3.1.3   Skalierbarkeit

Mit der Nutzung von Diensten aus einem Public Cloud-Modell erhöht sich hinsichtlich der Skalierbarkeit die Flexibilität. Die über das Cloud Computing bereitgestellten Ressourcen wie Speicherplatz, Rechenleistung oder Anwendungen werden in der Regel nutzungsbezogenen vom Provider abgerechnet und lassen sich im Bedarfsfall recht einfach nach oben und unten skalieren. Stellt das Unternehmen zum Beispiel mehrere neue Mitarbeiter ein, die eine aus der Cloud in Anspruch genommene Anwendung für ihre Arbeit benötigen, muss es lediglich mit dem Provider in Verbindung treten und die neue Anwenderanzahl, beziehungsweise genutzte Lizenzanzahl für die Abrechnung übermitteln. Dabei können konventionelle Überlegungen, wie zum Beispiel ob die Serverhardware bei der neuen Nutzerzahl in Zukunft noch eine ausreichende Leistungsfähigkeit liefern wird, in der eigenen Planung außer Acht gelassen werden, da diese im Verantwortungsbereich des Providers liegen. Die für die Bereitstellung genutzten Infrastrukturen sind im Regelfall für eine viel größere Anzahl an Nutzern ausgelegt und werden im Bedarfsfall vom Provider weiter ausgebaut.

3.2   Risiken

3.2.1   Potentielle Bedrohungen

In Kapitel 2 wurde bereits näher auf wichtige Grundlagen zum Thema Cloud Computing eingegangen. Die Arbeit beschäftigt sich mit der Auslagerung von Unternehmensdaten, wobei es sich exakter spezifiziert um einen Outsourcing-Prozess handelt. Eine Einordnung dieses Prozesses in eines der vorgestellten Betriebsmodelle führt zu der Erkenntnis, dass im Laufe der folgenden Risikoanalyse eine Public Cloud im Mittelpunkt der Betrachtungen stehen wird. Mit der Auslagerung der Unternehmensdaten in Rechenzentren von Drittanbietern ergeben sich eine Vielzahl von potentiellen Bedrohungen, die bei Entscheidungsprozessen zu beachten sind. Da es nicht möglich ist, diese im Rahmen dieser Arbeit allumfassend abzuhandeln, handelt es sich nachfolgend um einen erweiterten Auszug.

Insolvenz des Providers:

Möchte ein Unternehmen Angebote eines Dienstleisters beziehungsweise eines Providers von Cloudservices nutzen, sollte immer berücksichtigt werden, dass es sich bei diesem Dienstleister um ein Unternehmen handelt, das denselben wirtschaftlichen Risiken obliegt, wie das eigene. Informationen über die Bonität des Unternehmens, sein Produktportfolio oder wirtschaftliche Verflechtungen sollten im Vorfeld nicht außer Acht gelassen und ausgewertet werden, um das Risiko durch einen Insolvenzfall des Providers zu bewerten. Abhängig davon wie die Rechenzentren in der Unternehmensstruktur des Providers verankert sind, diese unter Umständen in eigenen Tochterunternehmen ausgelagert sind, können auch die Rechenzentren vom Insolvenzfall des Providers betroffen sein. So kann es beispielsweise im Rahmen eines eintretenden Insolvenzfalls zu einem Weiterverkauf der Rechenzentren kommen, wobei sich im Vorfeld nicht genau vorhersagen lässt, was in diesem Fall mit den ausgelagerten Daten geschehen würde und ob sie vor dem unberechtigten Zugriff durch Dritte durchgängig geschützt wären.[16]

Beauftragung von Subunternehmen durch den Provider:

Dem Provider ist es womöglich vertragsabhängig vorbehalten, zur Erbringung der vereinbarten Dienstleistung Leistungen von Subunternehmen einzukaufen oder sie an

---

[16] Vgl. Störtkuhl (2010)

diese abzugeben. Welche Teile der genutzten Dienste von wem übernommen oder bereitgestellt werden ist für das Unternehmen dabei nicht transparent. Das Cloud Computing ergibt ein komplexes, nicht klar zu durchschauendes Gebilde. Daraus ergibt sich das Risiko, dass Unternehmensdaten auch an Subunternehmer weitergegeben werden könnten und die Wahrscheinlichkeit, dass sie unberechtigt eingesehen, ver- oder entwendet werden könnten, nimmt zu.[17]

Datenverlust:

Ein weiteres Risiko stellen mögliche Datenverluste dar, die zum Beispiel durch unzureichende Backupstrategien oder –lösungen in den Rechenzentren auftreten können. Zwar können die Rahmenbedingungen für Backups in den Vertragsgrundlagen festgelegt und niedergeschrieben werden, doch eine Unsicherheit inwieweit diese auch umgesetzt und berücksichtigt werden bleibt. Auch fehlerhaftes oder fahrlässiges Verhalten von Mitarbeitern des Providers bei der Umsetzung oder bei Wartungsarbeiten kann zum Verlust von unternehmenskritischen Daten führen. Ebenso mangelhafte Sicherheitsvorkehrungen, wie zum Beispiel nicht redundante oder nicht gespiegelte RAID-Arrays um einem Datenverlust von vornherein vorzubeugen, können Risiken darstellen.[18]

Beschlagnahmung von Hardware aus den Rechenzentren:

Dadurch, dass beim Cloud Computing zumeist nicht dedizierte, sondern virtualisierte Ressourcen bereitgestellt werden, kommt es physikalisch betrachtet zu einer „Vermischung" von Daten. Die unternehmenseigenen Daten werden in der Cloud nicht auf einem speziell nur für sie vorgesehenen Massenspeicher gespeichert, sondern auf der gleichen Hardware befinden sich auch Daten anderer Unternehmen oder Anwender, die die Dienste des Providers nutzen. Kommt es in Rechtsfällen oder bei Straftaten, die in Zusammenhang mit diesen gemeinsam gespeicherten Daten stehen, zur Beschlagnahmung von Hardware oder Servern, auch wenn das Unternehmen vermeintlich mit diesen Fällen nicht in Verbindung steht, entstehen ihm jedoch Ausfallzeiten und Aufwand für die Wiederbeschaffung der Daten.[19]

---

[17] Vgl. Störtkuhl (2010)
[18] Vgl. Hubbard (2010), Seite 12
[19] Vgl. Störtkuhl (2010)

Eindringlinge (Spionage):

Auf interne Sicherheitsvorkehrungen beim Provider sollte von dienstleistungsnutzenden Unternehmen großen Wert gelegt werden, um insbesondere gegen potentiell kriminelle Mitarbeiter des Providers selbst geschützt zu sein. Nicht nur das geringe Maß an Transparenz, sondern auch die hohe Anzahl der systembetreuenden Administratoren erschweren dabei die Umsetzung und erhöhen das Risiko. Durch den Umstand, dass sich die Rechenzentren der Provider häufig über mehrere Länder verteilen, wird durch differierende Gesetzesgrundlagen und Rechtsprechungen eine einheitliche Realisierung von Zugriffskontrollen nur schwer bis gar nicht möglich. Ausgehend von der Positionierung der betriebenen Infrastrukturen können sich divergierende Motive, wie zum Beispiel politische Beweggründe für Spionage, Datenentwendung oder Sabotage ergeben.[20]

Erpressungsversuche:

Infolgedessen Daten außerhalb des eigenen Unternehmens gespeichert werden, verschieben sich wie weiter oben schon ausgeführt die Verantwortlichkeiten für Backups und Verfügbarkeit. Die Anzahl der administrativen Personen, deren Verantwortung die Daten unterliegen, steigt. Dazu kommt, dass diese oftmals ein unterschiedliches Ausbildungsniveau haben oder ein differenziertes Sicherheitsbewusstsein aufweisen. So ist es für das dienstleistungsnutzende Unternehmen zu keinem Zeitpunkt wirklich transparent, welche Person dafür beim Provider bestimmt ist. Anders als bei den Mitarbeitern aus der eigenen IT-Abteilung, sind der Geschäftsführung keinerlei persönliche Informationen der Provider-Mitarbeiter bekannt. Es kommt gar nicht erst zum Aufbau zwischenmenschlicher Beziehungen, woraus ein gewisses Maß an Vertrauen entstehen könnte. Jeder dieser administrativen Mitarbeiter birgt für sich ein potentielles Risiko. In jedem kann so viel kriminelle Energie stecken, dass er womöglich Daten entwendet, um später zu versuchen das Unternehmen mit diesen zu erpressen.[21] [22]

Schnittstellen / Application Programming Interfaces (APIs):

Den Usern von Cloud-Diensten wird ein Umfang an Application Programming Interfaces (API) zur Verfügung gestellt, mit denen sich Funktionen nutzen und die

---

[20] Vgl. Störtkuhl (2010)
[21] Vgl. Störtkuhl (2010)
[22] Vgl. Hubbard (2010), Seite 10

Clouddienste verwalten lassen. Über sie findet die Interaktion des Benutzers mit den Services statt. Basieren dieses APIs jedoch nicht auf einem Sicherheitsmodell, enthalten keine Authentifizierungs- oder Zugangskontrollen, oder verschlüsseln die Daten bei der Übertragung nicht, besteht die Gefahr, dass Dritte sie mit entsprechenden Wissen und Know-How mitlesen. Bei den APIs handelt es sich möglicherweise nicht um eigene Produkte des Providers, sondern um Entwicklungen von Drittherstellern, auf denen der Provider aufbaut oder diese um Funktionalitäten erweitert. Der Komplexitätsgrad nimmt hierdurch zu. Aus diesen Umständen resultierend wird es erschwert Qualitätsmaßstäbe zu setzen und die APIs letztendlich hinsichtlich der Einhaltung von Schutzzielen zu überprüfen. [23]

Unbekannte Risiken:

Durch das Faktum, dass es sich beim Cloud Computing um eine aktuelle und zugleich noch neue Technologie handelt, gibt es zum jetzigen Betrachtungszeitpunkt auch bis dato noch unbekannte Risiken. So ist es schwer abzuschätzen, inwieweit Kriminelle ihren Fokus in Zukunft auf das Cloud Computing und die dort verarbeiteten Daten legen und neue Strategien und Angriffsszenarien ausarbeiten werden. Des Weiteren werden oftmals durch die Vertriebsmitarbeiter der Provider, der Geschäftsführung und weiterer verantwortlichen Personen nur die unternehmerischen Vorteile angepriesen, die die Cloudservices, die sie bei den Kunden platzieren möchten, mit sich bringen. Damit einhergehende Risiken werden häufig verschwiegen oder nicht intensiv erläutert. [24]

3.2.2   Motive für Angriffe

Es gibt eine Vielzahl an unterschiedlichen Motiven, die einen Mensch bewegen können, ein IT-System anzugreifen. Jedoch kristallisieren sich fünf wesentliche heraus, die nicht nur speziell im IT-Umfeld zu finden, sondern aus der Kriminalität aus dem realen Leben zu übertragen sind. Es bedarf nicht zwangsläufig einer intensiven Analyse dieser Motive, typenspezifische Eigenschaften reichen dabei für die Konzeption von Sicherheitsvorkehrungen meist schon aus.

---

[23] Vgl. Hubbard (2010), Seite 9
[24] Vgl. Hubbard (2010), Seite 14

Habgier

Bei dem Motiv der Habgier ist es für den Angreifer vordergründig durch einen Angriff, der sich primär durch eine schnelle Durchführbarkeit auszeichnet, einen persönlichen materiellen Gewinn zu erzielen, bei dem konspirative Maßnahmen meist nachrangig sind. Einzig im Fall, dass sie dem Angreifer einen großen Vorsprung vor den Verfolgern verschaffen, wird ihnen ein höheres Interesse beigemessen. Da Daten anders wie Gegenstände aus der Realwelt nicht richtig greifbar sind, ist es oft nur schwer oder gar nur an den Auswirkungen zu erkennen, wenn zum Beispiel Daten unbemerkt kopiert werden. Verhindert werden können Angriffe, die aus diesem Motiv resultieren am ehesten durch ein striktes Fernhalten des Angreifers von den Daten, oder durch eine Verlängerung des Angriffwegs, die Früherkennungsmöglichkeiten schaffen.[25]

Neugier

Angriffe mit dem Motiv der Neugier, sprich mit der Lust etwas herauszufinden, erfolgen zumeist spontan und unvorbereitet mit der Maxime das Maximum an Informationen zu sammeln, solange man unerkannt bleibt. Aus der Lust etwas zu erfahren kann eine intensivere Form, unter Umständen eine Art Anstachelung entstehen. Wert auf Verschleierung wird dabei nur gelegt, wenn diese mit geringem Aufwand erreicht werden kann. Die Methoden zu denen die Angreifer greifen variieren dabei sehr stark und hängen stark von deren Kenntnissen, Hartnäckigkeit und Ehrgeiz ab.[26]

Spionage

Spionage-Angreifern geht es in der Regel darum spezielle Informationen für einen Auftraggeber zu beschaffen oder zu manipulieren. Da sie von Auftraggebern meist nur im Erfolgsfall entlohnt werden, verfügen sie gemeinhin über eine sehr gute technische Ausstattung. Dabei kann die Informationsgewinnung nicht nur durch „eindringende", sondern auch durch abfragende Handlungen erfolgen. Das Hauptaugenmerk liegt darauf, durch den Einsatz von Verschleierungsmethoden jederzeit unerkannt zu bleiben, auch wenn der Angriff sich dabei über einen langen Zeitraum erstreckt. Daher basieren Spionage-Angriffe auf sorgfältiger Planung und

---

[25] Vgl. Psille (2006), Seite 50 f.
[26] Vgl. Psille (2006), Seite 51 f.

Konzeption, die mit ausgiebiger Informationsbeschaffung wie über die Netzwerkstruktur des Angriffsziels einhergehen.[27]

Vergeltung / Sabotage

Sabotage-Angreifer attackieren ihre Ziele zur eigenen (selten auftragsbasiert) emotionalen Befriedigung eines empfundenen Unrechts, unabhängig von der Rechtmäßigkeit dieses Empfindens. Oftmals handelt es sich dabei um eine Reaktion auf ein vorheriges Ereignis. Alle Handlungen geschehen mit der Absicht, willkürlich gewählten maximalen Schaden am Eigentum des Opfers anzurichten. In vielen Fällen geht dem keinerlei Vorbereitung voran, lediglich zur Identitätsvertuschung werden konspirative Methoden angewendet.[28]

Konspiration

Bei der Konspiration geht es permanent darum, die eigene Identität zu verschleiern und sich gegenüber anderen falsch auszugeben. Hierfür existiert eine hohe Anzahl an Mitteln und Methoden. Ein Beispiel wären sogenannte *Zombie Hosts,* Systeme über die Angegriffene keine vollständige Kontrolle haben, von denen dann weitere Attacken initiiert werden. Im Zusammenhang dieser Arbeit sei mit Konspiration die Schaffung solcher Ausführungswerkzeuge gemeint, genauer gesagt die Absicht Cloud-Infrastrukturen für Angriffe auf Dritte unter Kontrolle zu bringen.[29]

3.2.3 Datenschutz

Dem Begriff Datenschutz begegnet man heute sehr häufig. >>Der Datenschutz soll den Menschen vor der Gefährdung durch die nachteiligen Folgen einer Datenverarbeitung schützen.<< [30] Jedem Individuum soll das Selbstbestimmungsrecht über die Verarbeitung seiner persönlichen personenbezogenen Daten eingeräumt werden. Jeder Verarbeitung bedarf es demnach einer ausdrücklichen Erlaubnis, ob durch Gesetze und persönliche Einwilligungen.[31] Der Datenschutz ist nicht über internationale Vereinbarungen, sondern über landesspezifische Gesetzgebungen geregelt. Hierdurch entstehen

---

[27] Vgl. Psille (2006), Seite 52 f.
[28] Vgl. Psille (2006), Seite 53 f.
[29] Vgl. Psille (2006), Seite 54
[30] Schaar (2011), Seite 2
[31] Vgl. Schaar (2011), Seite 13

ebenfalls Risiken in Bezug auf die Nutzung von cloudbasierten Diensten. Durch die Verteilung der Infrastrukturen zur Bereitstellung auf verschiedene Länder kommt es dazu, dass abhängig vom Speicherort der Daten, unterschiedliche Datenschutzgesetze zugrunde liegen. Inwieweit diese mit den internen Datenschutzbestimmungen des jeweiligen Unternehmens und den geltenden Datenschutzgesetzen des Landes, in dem das Unternehmen seinen Firmensitz hat, in Einklang zu bringen sind, ist fraglich bis nur schwer lösbar. [32] Bei diesen Betrachtungen muss weiterhin der Umstand mit einbezogen werden, dass sich die Daten oft durch intransparente Strukturen des Providers für den Unternehmer nicht lokalisieren lassen und dadurch Datenschutzbetrachtungen kompliziert werden.

3.2.4 Abhängigkeit vom Anbieter und von Übertragungswegen

Mit steigendem Nutzungsgrad der Dienste steigt aus Sicht des Nutzers auch die Abhängigkeit vom Anbieter. Durch die Verschiebung der eigentlichen Datenverarbeitung in die Cloud, sind die Unternehmen von der Verfügbarkeit der genutzten Infrastruktur abhängig. Ausfallzeiten stellen dabei ein auch monetär messbares Risiko dar. Für die Nutzung der Dienste und Verarbeitung der Unternehmensdaten ist eine Internetverbindung mit möglichst hoher Übertragungsrate unabdingbar, was gerade in ländlichen Regionen oder bei mobiler Nutzung zu Problemen führen kann. Damit einhergehend sollte an dieser Stelle auch das Risiko angesprochen werden, dass diese durch den Internet Service Provider (ISP) bereitgestellte Zugangsmöglichkeit zum Internet gestört oder gänzlich ausfallen kann. Sicherlich bieten die ISPs unterschiedliche Ausprägungen von Backupleitungen an, auf die im Störungsfall zurückgegriffen werden kann. Um jedoch auch gegen Risiken gewappnet zu sein, dass zum Beispiel ein Bagger eine Leitung durchtrennt, müssen Haupt- und Backupleitung über unterschiedliche Knotenpunkte realisiert werden. Ob dies auch bei KMUs in ländlichen Regionen gewährleistet werden kann, muss mit dem ISP in jedem Fall individuell betrachtet werden. Des Weiteren rücken die gerade im Bereich der Geschäftskunden in den angebotenen Verträgen enthaltenden Endstörzeiten, mit denen sich der Anbieter verpflichtet in einem definierten Zeitraum die Störung des Übertragungsweges zu beheben, in den Fokus.

---

[32] Vgl. Störtkuhl (2010)

3.3 Risikobewertung

Nachdem die möglichen Risiken identifiziert worden sind, geht es anschließend darum deren Schadenspotenziale und Eintrittswahrscheinlichkeiten zu bewerten. Um eine Quantifizierung zu ermöglichen wird nachfolgend ein fiktives Beispiel-KMU, die ABC Finance Software GmbH mit 100 Mitarbeitern betrachtet, die in der Softwarebranche für den Bankensektor angesiedelt ist und einen Jahresumsatz von 25 Millionen Euro auszuweisen hat. Da eine umfassende Bewertung aller identifizierten Risiken den Rahmen dieser Arbeit übersteigen würde, wird sich in der nachfolgenden Bewertung auf die für dieses Softwareunternehmen größten Risiken fokussiert.

Zu Beginn der Bewertung erfolgt eine monetäre Kategorisierung der Schadenshöhen, sprich bei welcher eintretenden Schadenshöhe von einem für das Unternehmen kleinen und bei welchem Ausmaß von einem großen Schaden gesprochen wird. Dabei werden vorab zwei wichtige Kennziffern festgelegt. Zum einen wird ein sogenanntes kritisches Einzelrisiko festgelegt, ein Schwellenwert für eine Schadenshöhe, ab dem das Management diese als kritisch bewerten würde und dieser Schaden zur Beeinflussung von Geschäftstätigkeiten oder zur Schädigung der Unternehmensreputation führen kann. Bei der anderen festgelegten Größe handelt es sich um das sogenannte existenzbedrohende Einzelrisiko, einem Schwellenwert für eine Schadenshöhe, ab der ein Schadensfall existenzgefährdende Ausmaße für das Unternehmen annimmt. Im betrachteten Beispiel werden folgende Werte zugrunde gelegt:

Kritisches Einzelrisiko: 250.000,00 €

Existenzbedrohendes Einzelrisiko: 1.000.000,00 €

Monetarisierte Risikowerte in Mio Euro				
0 - 0,3	0,3 - 0,5	0,5 - 0,8	0,8 - 1	über 1
klein	mittel	gross	sehr gross	katastrophal

Abbildung 2: Monetarisierte Risikowerte in Mio Euro, In Anlehnung an: Königs (2009), Seite 16

Existenzbedrohende Schäden ab einem Wert von 1 Million Euro werden hierbei der Kategorie „katastrophal" zugeordnet. Des Weiteren kann der Kategorisierung in Abbildung 2 entnommen werden, dass die Größe des kritischen Einzelrisikos von

3 Analyse – Chancen und Risiken beim „Working in the Cloud"

250.000 Euro sich auf den ersten Blick im Bereich „klein" bewegt. Dies sagt jedoch ohne eine weitere Betrachtung der Eintrittswahrscheinlichkeiten für Schadensfälle mit dieser Schadenshöhe noch nichts aus. Deshalb geht es im nächsten Schritt darum, eine Kategorisierung für diese Eintrittshäufigkeiten durchzuführen, mit der letztendlich aussagekräftige Schlüsse gezogen werden können und eine Visualisierung der Ergebnisse möglich wird. Folgende Einteilung geht hieraus hervor:

Kategorisierte Wahrscheinlichkeitswerte/Eintrittshäufigkeiten pro Jahr				
bis 0,15	0,15 - 0,2	0,2 - 0,4	0,4 - 0,7	über 0,7
unwahrscheinlich	sehr selten	selten	möglich	häufig

Abbildung 3: Kategorisierte Wahrscheinlichkeitswerte/Eintrittshäufigkeiten pro Jahr, In Anlehnung an: Königs (2009), Seite 16

Basierend auf der in Kapitel 2.3 vorgestellten Risikoformel werden die in Kapitel 3.2 ausgeführten Risiken, auf das Beispiel-Unternehmen bezogen, quantifiziert. Dabei werden jeweils die Anzahl der Schadensereignisse und deren Eintrittswahrscheinlichkeiten pro Jahr subjektiv bestimmt und die daraus resultierenden Schadenswerte errechnet. Eine übersichtliche Darstellung dieser Ergebnisse erfolgt in der nachfolgenden Abbildung 4.

Risikoauswahl

Nummer	Risiko	Anzahl der Schadenser eignisse	Eintrittshäu figkeit pro Jahr	Schadenshö he (in Mio. €)	Ergebnis
1	Eindringlinge (Spionage)	3	0,5	2	1
2	Verstoß gegen Datenschutz	2	0,5	0,7	0,35
3	Ausfall der Infrastruktur oder von Übertragungswegen	4	0,7	0,02	0,014
4	Datenverlust	7	0,8	2	1,6
5	Schnittstellen / APIs	2	0,2	0,1	0,02
6	Provider-Insolvenz	0	0,1	3,5	0,35
7	Beauftragung von Subunternehmern durch den Provider	2	0,3	0,05	0,015
8	Beschlagnahmung von Hardware aus den Rechenzentren	0	0,1	1,75	0,175
9	Erpressungsversuche	2	0,2	0,5	0,1

Abbildung 4: Berechnete Risiken

Um die berechneten Ergebnisse in den Bereichen einer Risiko-Map einordnen zu können, werden anhand der vorab festgelegten Kategorien und der festgelegten Schwellenwerten der Kennziffern, die farblichen Bereiche bestimmt. Daraus resultierend kann der Verlauf der Akzeptanzlinie in der Risiko-Map entsprechend sichtbar gemacht werden. Dies wird in Abbildung 5 tabellarisch dargestellt.

Bestimmung der Akzeptanzlinie in der Risiko-Map

		Wahrscheinlichkeiten				
		0,15	0,2	0,4	0,7	1
Monetärisierte Risikowerte	0,3	0,045	0,06	0,12	0,21	0,3
	0,5	0,075	0,1	0,2	0,35	0,5
	0,8	0,12	0,16	0,32	0,56	0,8
	1	0,15	0,2	0,4	0,7	1
	3	0,45	0,6	1,2	2,1	3

Abbildung 5: Bestimmung der Akzeptanzlinie in der Risiko-Map

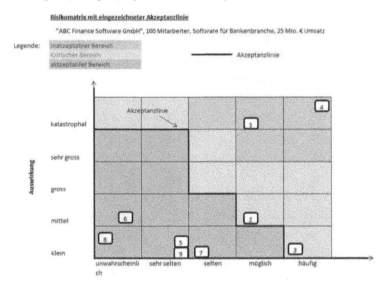

Abbildung 6: Risikomatrix mit eingezeichneter Akzeptanzlinie; In Anlehnung an: König (2009), Seite 20

Aus den in der Risikomatrix in Abbildung 6 visuell eingeordneten Ergebnisse, der von eins bis neun nummerierten Risiken, lassen sich nun neue Erkenntnisse gewinnen. Jenen, die jenseits der Akzeptanzlinie liegen, gerade die im inakzeptablen beziehungsweise katastrophalen Bereich mit womöglich existenzbedrohenden

Auswirkungen, muss eine erhöhte Aufmerksamkeit und ein deutlicher Handlungsbedarf zugemessen werden. Dabei fallen besonders die im kritischen roten Bereich einzuordnenden Risiken „Eindringlinge (Spionage) im Rechenzentrun" und „Datenverlust" auf. Um den Rahmen dieser Arbeit einhalten zu können, wird sich auf drei der aus dem Akzeptanzbereich fallenden Risiken bei der Vorstellung der Maßnahmen zu ihrer Minimierung konzentriert.

3.4 Maßnahmen und Möglichkeiten zur Risikominimierung

Eindringlinge (Spionage) im Rechenzentrum:

Um eine Reduktion dieses Risikos zu erreichen, sollte die ABC Finance Software GmbH primär auf ein hohes Maß an Transparenz des Cloud-Providers bestehen, um Einsicht zu bekommen, in welchen Ländern sich dessen Rechenzentren befinden und um die eigenen Daten lokalisieren zu können. Ebenso sollten umfassende Informationen über die Zutrittsvorkehrungen, die für die betroffenen Serverräume installiert sind, eingeholt werden. Eine genaue Prüfung der im dem Land geltenden Gesetze, in dem das Rechenzentrum betrieben wird, kann unter Umständen weitere Optimierungsmöglichkeiten hinsichtlich tiefgängigerer einsetzbarer Technologien für Zutrittskontrollen liefern. Des Weiteren sollten genaue Daten über die dort zuständigen Mitarbeiter eingeholt werden. Eine Reduzierung des zutrittsberechtigten Personenkreises oder eine Mitbestimmung bis hin zur Mitbesetzung der Administratorstellen durch die ABC Finance Software GmbH können dabei zu einer weiteren Risikominimierung führen. Zu beachten ist dabei, dass ein umfassender Schutz vor potentieller krimineller Energie der Mitarbeiter nicht vollständig umgesetzt kann.

Datenverlust:

Auch um das Risiko möglicher Datenverluste zu verringern, sollte der erste Ansatz für das dienstleistungsnutzende Unternehmen immer der Nachdruck nach Transparenz für das Geschehen in den Rechenzentren sein. Nur so ist ersichtlich, inwieweit die vertraglich definierten Backup-Szenarien und Backuplösungen vom Provider dort wirklich umgesetzt und eingehalten werden. Auch hier kann eine Selektion des zuständigen Fachpersonals zu einer Risikominimierung beitragen.

Denn wenn nur für diese Lösungen und Szenarien zertifizierte Mitarbeiter die entsprechenden Aufgaben übernehmen dürfen und dies auch strikt eingehalten wird, lässt sich die Wahrscheinlichkeit menschlicher Fehler einschränken. Dass jedoch auch Fachpersonal Fehler macht, sollte trotzdem in der Risikobewertung berücksichtigt werden.

Ausfall von Rechenzentrum und Übertragungswegen:

Ansatzpunkt hierbei sollten, sowohl bei der Anbindung des Rechenzentren Providers, als auch bei Anbindung der Standorte des Unternehmens das darauf zugreift, Backup-Leitungen für den Internetzugang sein, auf die im Bedarfsfall zurückgegriffen werden kann. Dabei sollte darauf geachtet werden, dass diese vom ISP über unterschiedliche Vermittlungsstellen zur Verfügung gestellt werden, um nicht bei einem Ausfall dieser Vermittlungsstelle oder einer Durchtrennung die Hauptleitung und die Backup-Leitung zu verlieren. Auf Seiten des Rechenzentrums bestehen dahingehend Möglichkeiten zur Risikominimierung, dass das Unternehmen mit dem Provider versuchen kann vertraglich zuzusichern, dass dem Unternehmen dedizierte Hardware zur Verfügung gestellt wird, um Überlastung oder Ausfälle durch Nutzung anderer auszuschließen. Des Weiteren sollte es sich bei den dedizierten Servern um ein Failover-Cluster handeln, bei dem ein Serverausfall kompensiert werden und auf einen anderen Server ohne Downtime umgeschaltet werden kann.

4 Fazit

Die in der Einleitung formulierte zentrale Fragestellung, ob es für KMUs erstrebenswert ist, Unternehmensdaten in die Cloud auszulagern und cloudbasierte Dienste in Anspruch zu nehmen, kann anhand des in der Risikobewertung zugrunde gelegten fiktiven Beispiel-Unternehmen wie folgt beantwortet werden:

Können die für das Unternehmen relevantesten und kritischen Risiken wie in Kapitel 3.4 beschrieben, nach Offenlegung durch intensive Kommunikation mit dem Provider soweit minimiert werden, dass sie bei der Einordnung in der Risikomatrix in den Akzeptanzbereich fallen, kann das Cloud Computing durchaus eine interessante Chance bieten, die eigene IT-Infrastruktur zu verschlanken, Anschaffungs- und Verwaltungskosten zu senken und interne Prozesse zu optimieren. Stellt sich der Provider jedoch nicht in diesem Maße kooperativ dar und kann dem Unternehmen keine Transparenz über die Infrastruktur liefern, überwiegen die Risiken die im kritischen Bereich liegen durch ihre Schadenshöhe so sehr, dass sich von einer Verlagerung in die Cloud distanziert werden sollte, um beim Eintreten dieser Ereignisse die Unternehmungsexistenz nicht zu gefährden. Dass die Schadenshöhen der inakzeptablen Risiken gerade für das Beispiel-KMU sehr hoch ausfallen, hängt vordergründig mit der Ansiedlung im Finanzsektor und der damit verbundenen Sensibilität der Daten zusammen. Gerade in diesem Bereich ist es essentiell, dass strikte Zutrittsbeschränkungen und ein bestmöglicher Schutz vor Datenverlust durchgesetzt werden können, um Finanzdaten vor Zugriff Dritter zu schützen und einem Verlust vorzubeugen. Die Risikobewertung, Kategorisierung und Festlegung des Akzeptanzbereichs ist dabei immer eine subjektive Einschätzung und kann bei anderen KMUs dahingehend divergieren, dass alle Risiken im Akzeptanzbereich liegen und eine Cloudnutzung schon vor einer Risikominimierung erstrebenswert sein kann. Die Fragestellung kann somit nicht pauschal für KMUs beantwortet werden, da eine Vielzahl an Parametern wie zum Beispiel Branche, Unternehmensgröße, Bilanzkennzahlen und daraus resultierende Kennzahlen für kritische und existenzbedrohende Einzelrisiken in der Bewertung stark variieren können. Auch die Risikoaffinität der Unternehmensleitung spielt dabei eine große Rolle. Jeder Fall muss letztendlich einzeln für sich betrachtet werden.

Abkürzungsverzeichnis

API	Application Programming Interface
CRM	Customer Relationship Management
ERP	Enterprise Ressource Planning
IaaS	Infrastructre as a Service
ISP	Internet Service Provider
NIST	National Institute of Standards and Technology
PaaS	Platform as a Service
SaaS	Software as a Service

Abbildungsverzeichnis

Literatur

Baun (2011)   Baun, Christian; Kunze, Marcel; Nimis, Jens; Tai, Stefan (2011):
                   Cloud computing. Web-based dynamic IT services. Berlin,
                   Heidelberg: Springer.

BSI (2008)   Bundesamt für Sicherheit in der Informationstechnik (2008): BSI-
                   Standard 100-3. Risikoanalyse auf Basis von IT-Grundschutz. Hg.
                   v. Bundesamt für Sicherheit in der Informationstechnik. Bonn.
                   Online   verfügbar   unter
                   https://www.bsi.bund.de/SharedDocs/Downloads/DE/BSI/Publika
                   tionen/ITGrundschutzstandards/standard_1003_pdf.pdf?__blob=p
                   ublicationFile, zuletzt geprüft am 14.10.2011.

BSI (2011)   Bundesamt für Sicherheit in der Informationstechnik (2011):
                   BSI_Cloud Computing Grundlagen, Hg. v. Bundesamt für
                   Sicherheit in der Informationstechnik. Bonn. Online verfügbar
                   unter
                   https://www.bsi.bund.de/DE/Themen/CloudComputing/Grundlag
                   en/Grundlagen_node.html, zuletzt geprüft am 10.10.2011

EU (2006)   Europäische Union (2006): Die neue KMU-Definition.
                   Benutzerhandbuch und Mustererklärung. Hg. v. Europäisches
                   Amt für Veröffentlichungen. Europäische Union. Online
                   verfügbar unter http://ec.europa.eu/enterprise/policies/sme/facts-
                   figures-analysis/performance-review/index_en.htm,   zuletzt
                   aktualisiert am 16.05.2006, zuletzt geprüft am 29.09.2011.

Horton (2011)   Horton, Edith M. (2011): IDC-Studie: Cloud Computing in
                   Deutschland   2011.   Online   verfügbar   unter
                   http://www.idc.de/downloads/pdf/pm2011/07_MC_Cloud2011_fi
                   nal.pdf, zuletzt geprüft am 07.10.2011.

Hubbard (2010)   Hubbard, Dan; Sutton, Michael (2010): Top Threats to Cloud
                   Computing V1.0. Hg. v. Cloud Security Alliance. Online
                   verfügbar   unter

https://cloudsecurityalliance.org/topthreats/csathreats.v1.0.pdf, zuletzt geprüft am 01.11.2011.

Königs (2009) Königs, Hans P. (2009): IT-Risiko-Management mit System. Von den Grundlagen bis zur Realisierung - Ein praxisorientierter Leitfaden. 3. Aufl. Wiesbaden: Vieweg, F.

Psille (2006) Psille, D.E.A; Eschweiler, J. (2006): Security@Work, 1. Aufl., Berlin, Heidelberg 2006: Springer.

Schaar (2011) Schaar, Peter (2011): BfDI - Info 1. Bundesdatenschutzgesetz - Text und Erläuterung -Hg. v. Der Bundesbeauftragte für den Datenschutz und die Informationsfreiheit. Online verfügbar unter http://www.bfdi.bund.de/SharedDocs/Publikationen/Infobroschue ren/INFO1_Januar_2011.pdf?__blob=publicationFile, zuletzt geprüft am 03.11.2011.

Störtkuhl (2010) Störtkuhl, Dr. Thomas; Wagner, Hans (2010): Secaron: Sicherheit und Cloud Computing. Unter Mitarbeit von Dr. Thomas Störtkuhl und Hans Wagner. Hg. v. Secaron AG. Online verfügbar unter https://www.info-point-security.com/loesungsanbieter/secaron-ag/114-secaron-news/5012-secaron-sicherheit-und-cloud-computing.html, zuletzt geprüft am 31.10.2011.

Wiltscheck (2011) Wiltscheck, Ronald (2011): Warum Mittelständler auf die Cloud setzen. Parallels-Studie zu Cloud Computing. Unter Mitarbeit von Ronald Wiltscheck. Hg. v. Computerwoche. Online verfügbar unter http://www.computerwoche.de/mittelstand/2388374/index.html, zuletzt geprüft am 29.09.2011.

Wymenga (2011) Wymenga, Paul; Spanikova, Dr. Viera; Derbyshire, Dr. James; Barker, A. (2011): Are EU SMEs recovering from the crisis? Annual Report on EU Small and Medium sized Enterprises 2010/2011. Client: European Commission, DG-Enterprise. Hg. v. ECORYS Nederland BV. Rotterdam, Cambridge. Online verfügbar unter http://ec.europa.eu/enterprise/policies/sme/factsfigures-analysis/performance-review/pdf/2010_2011/are_the_eus_smes_recovering.pdf,   zuletzt geprüft am 04.10.2011.